Impressum

Verlag: BABADADA GmbH, Nedderfeld 112 , 22529 Hamburg

Geschäftsführer / Verlagsleitung: Harald Hof

Druck: Books on Demand GmbH, In de Tarpen 42, 22848 Norderstedt

Imprint

Publisher: BABADADA GmbH, Nedderfeld 112 , 22529 Hamburg, Germany

Managing Director / Publishing direction: Harald Hof

Print: Books on Demand GmbH, In de Tarpen 42, 22848 Norderstedt

el colegio

学校

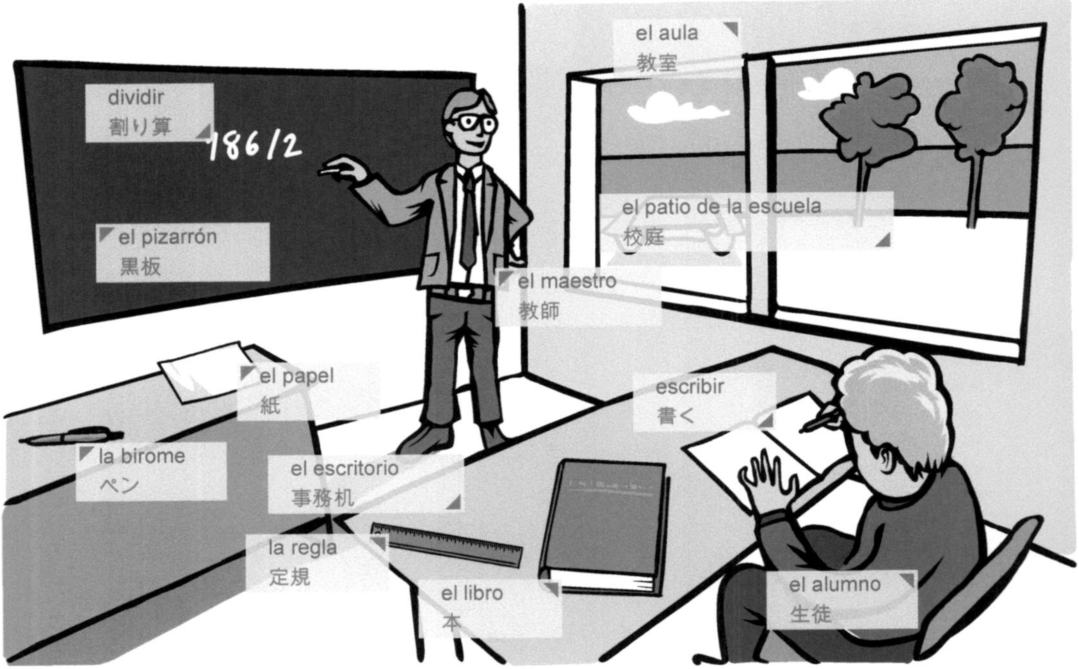

el aula
教室
dividir
割り算
186/2
el patio de la escuela
校庭
el pizarrón
黒板
el maestro
教師
el papel
紙
escribir
書く
la birome
ペン
el escritorio
事務机
la regla
定規
el libro
本
el alumno
生徒

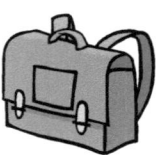

la mochila
ランドセル

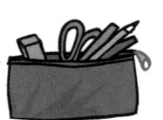

la caja de lápices
筆入れ

el lápiz
鉛筆

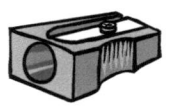

el sacapuntas
鉛筆削り

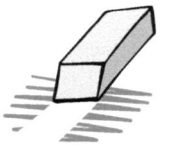

la goma (de borrar)
消しゴム

el bloc de dibujo
スケッチブック

el dibujo
スケッチ

el pincel
絵筆

la caja de pinturas
絵の具箱

la tijera
はさみ

el pegamento
接着剤

el cuaderno de ejercicios
練習帳

la tarea
宿題

el número
数

sumar
足し算

restar
引き算

multiplicar
かけ算

calcular
計算する

la letra
文字

el abecedario
アルファベット

la palabra
単語

el texto

テキスト

leer

読む

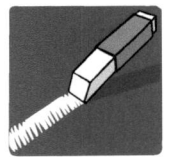

la tiza

チョーク

la lección

授業

el cuaderno de clase

学級日誌

el examen

試験

el certificado

通知表

el uniforme escolar

制服

la educación

教育

la enciclopedia

百科事典

la universidad

大学

el microscopio

顕微鏡

el mapa

地図

el tacho (de basura)

ごみ箱

el viaje

旅行

el hotel
ホテル
Grand
el hostel
ホステル
ROOMS
la casa de cambio
両替所
la valija
スーツケース
el auto
自動車

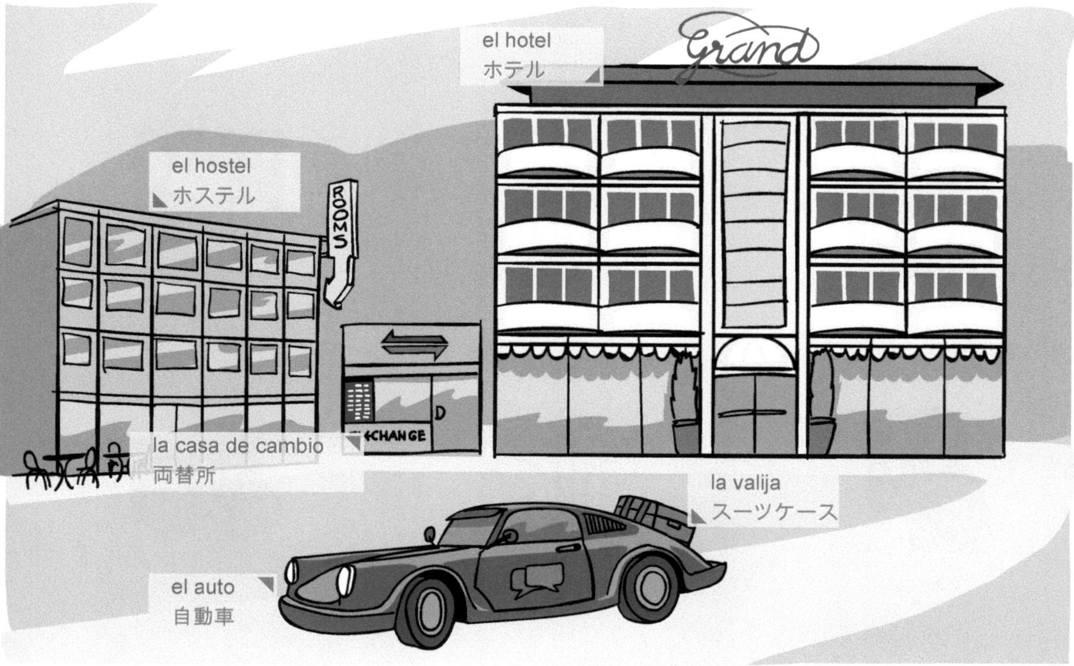

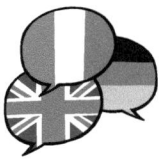

el idioma

言語

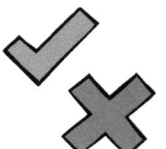

sí / no

はい / いいえ

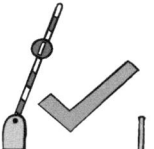

Está bien

問題ない

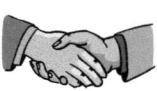

hola

ハロー

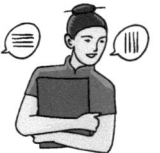

el traductor

翻訳者

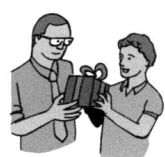

Gracias

ありがとう

¿cuánto cuesta...?

...はいくらですか？

No entiendo

わかりません

el problema

問題

¡Buenas tardes!

こんばんは！

¡Buenos días!

おはようございます！

¡Buenas noches!

おやすみなさい！

el adiós

さようなら

la dirección

方向

el equipaje

手荷物

el bolso

バッグ

la mochila

リュックサック

el invitado

お客様

la habitación

部屋

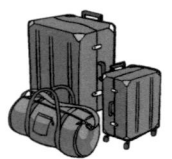

la bolsa de dormir

寝袋

la carpa

テント

la información turística

旅行者情報

la playa

ビーチ

la tarjeta de crédito

クレジットカード

el desayuno

朝食

el almuerzo

昼食

la cena

夕食

el pasaje

チケット

el ascensor

エレベーター

el sello

スタンプ

la frontera

境界

la aduana

税関

la embajada

大使館

la visa

ビザ

el pasaporte

パスポート

el transporte
輸送

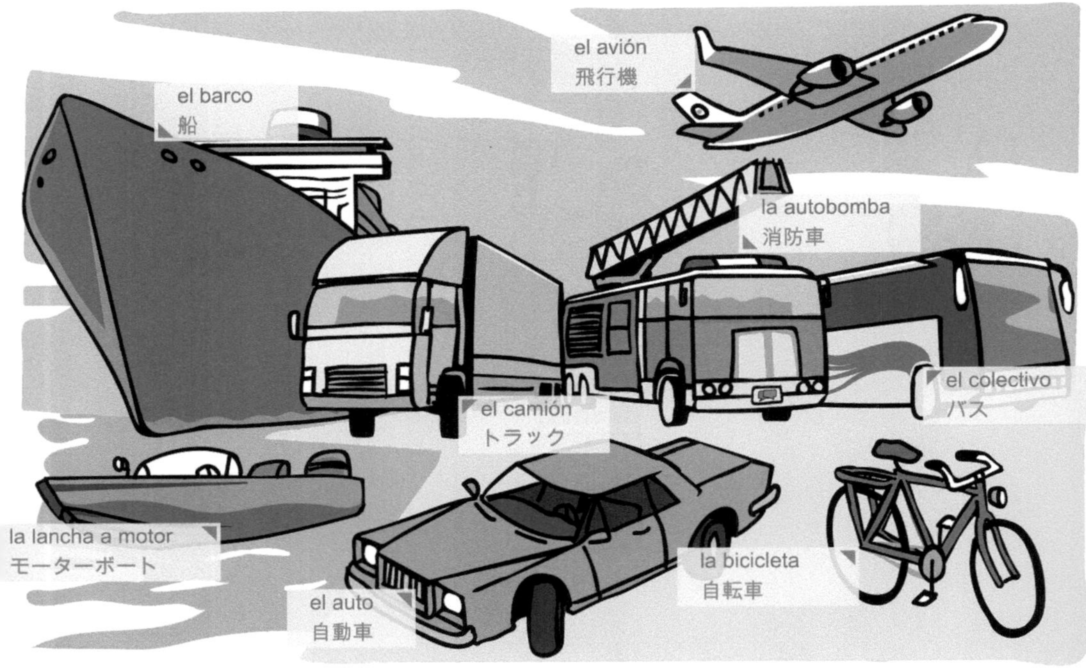
el avión
飛行機
el barco
船
la autobomba
消防車
el colectivo
バス
el camión
トラック
la lancha a motor
モーターボート
la bicicleta
自転車
el auto
自動車

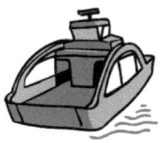

el ferry
フェリー

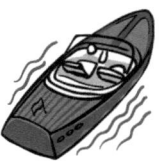

el bote
ボート

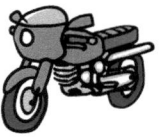

la moto
バイク

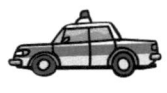

el patrullero
パトカー

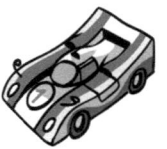

el auto de carreras
レーシングカー

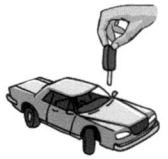

el auto de alquiler
レンタカー

el alquiler de autos

カーシェアリング

la grúa

レッカー車

el camión de la basura

ごみ収集車

el motor

モーター

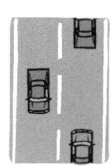

la nafta

燃料

la estación de servicio

ガソリンスタンド

la señal de tránsito

交通標識

el tránsito

交通

el embotellamiento

渋滞

el estacionamiento

駐車場

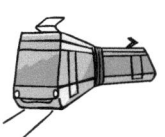

la estación de tren

駅

las vías

道

el tren

列車

el tranvía

路面電車

el vagón

車両

el helicóptero

ヘリコプター

el aeropuerto

空港

la torre

タワー

el pasajero

乗客

el contenedor

コンテナ

la caja de cartón

段ボール箱

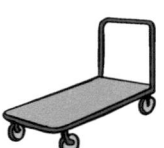

la carretilla

カート

la canasta

カゴ

despegar / aterrizar

離陸 / 着陸

la ciudad
都市

el pueblo

村

el centro de la ciudad

都心

la casa

家

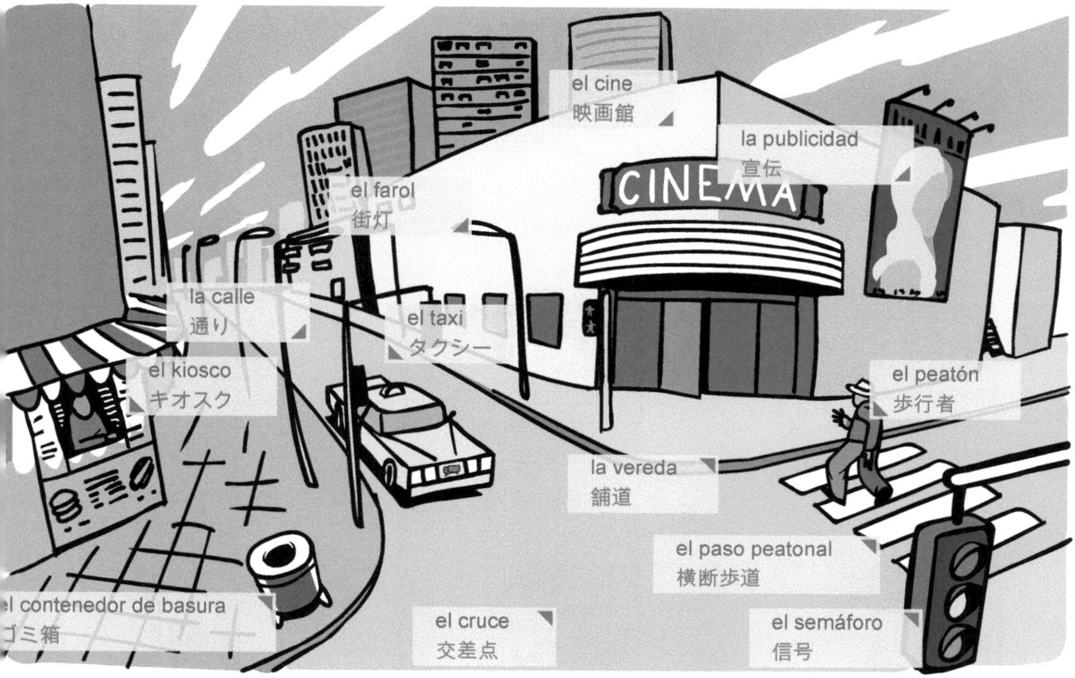

el cine
映画館

la publicidad
宣伝

el farol
街灯

CINEMA

la calle
通り

el taxi
タクシー

el kiosco
キオスク

el peatón
歩行者

la vereda
舗道

el paso peatonal
横断歩道

el contenedor de basura
ゴミ箱

el cruce
交差点

el semáforo
信号

la cabaña

小屋

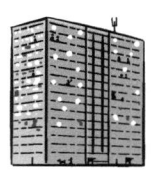

el departamento

アパート

la estación de tren

駅

la municipalidad

市役所

el museo

美術館

el colegio

学校

la ciudad - 都市 11

la universidad

大学

el banco

銀行

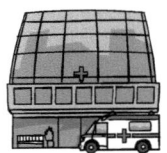

el hospital

病院

el hotel

ホテル

la farmacia

薬局

la oficina

オフィス

la librería

書店

el negocio

ショップ

la florería

花屋

el supermercado

スーパーマーケット

el mercado

市場

las grandes tiendas

デパート

la pescadería

魚屋

el centro comercial

ショッピングセンター

el puerto

港

el parque

公園

el banco

ベンチ

el puente

橋

las escaleras

階段

el subte

地下鉄

el túnel

トンネル

la parada del colectivo

バス停

el bar

バー

el restaurante

レストラン

el buzón

ポスト

el letrero

道路標識

el parquímetro

パーキングメーター

el zoológico

動物園

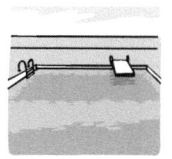

la pileta

スイミングプール

la mezquita

モスク

la ciudad - 都市

la granja

農場

la contaminación

汚染

el cementerio

墓地

la iglesia

教会

los juegos infantiles

遊び場

el templo

寺

el paisaje
風景

la hoja
葉

el poste indicador
道標

el camino
道

la pradera
草地

la piedra
石

el árbol
木

el excursionista
ハイカー

el río
川

la hierba
草

la flor
花

el valle

谷

la montaña

山

el lago

湖

el bosque

森

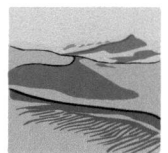

el desierto

砂漠

el volcán

火山

el castillo

城

el arco iris

虹

el champiñón

キノコ

la palmera

ヤシの木

el mosquito

蚊

la mosca

ハエ

la hormiga

蟻

la abeja

ミツバチ

la araña

クモ

el paisaje - 風景

el escarabajo

カブトムシ

la rana

蛙

la ardilla

リス

el erizo

ハリネズミ

la liebre

ウサギ

la lechuza

フクロウ

el pájaro

鳥

el cisne

白鳥

el jabalí

雄豚

el ciervo

鹿

el alce

ヘラジカ

la presa

ダム

el aerogenerador

風力タービン

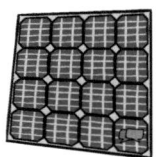

el panel solar

ソーラーパネル

el clima

気候

el restaurante
レストラン

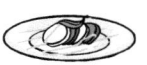

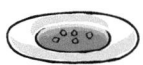

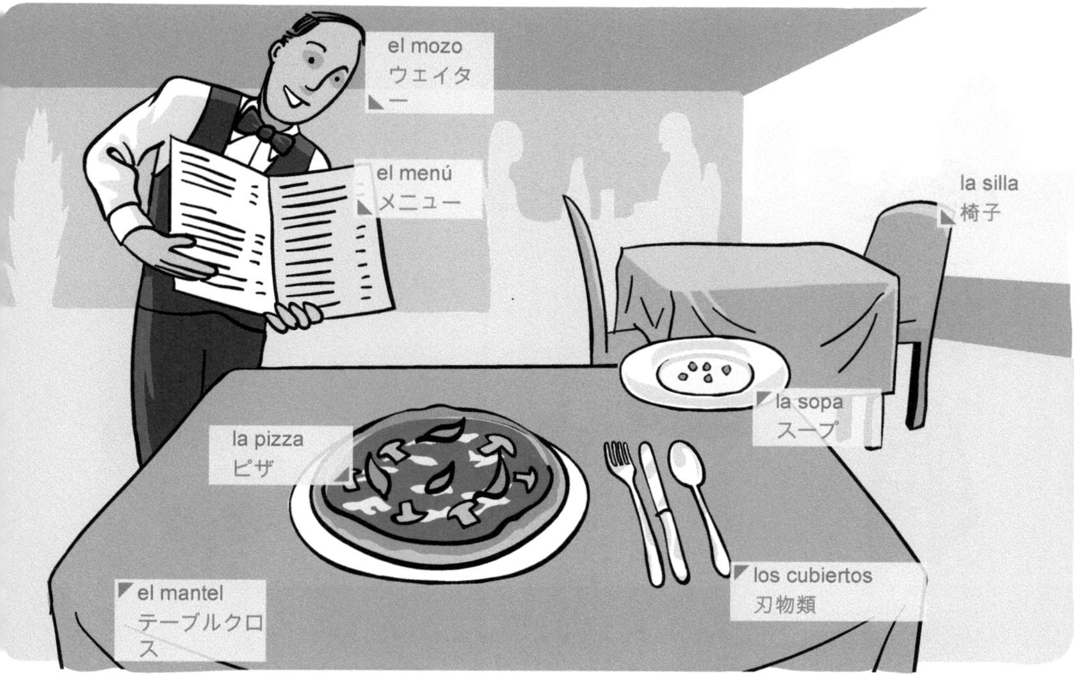
el mozo
ウェイタ
ー
el menú
メニュー
la silla
椅子
la pizza
ピザ
la sopa
スープ
el mantel
テーブルクロ
ス
los cubiertos
刃物類

la entrada

前菜

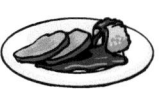

el plato principal

メインコース

el postre

デザート

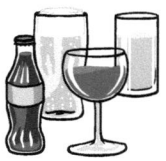

las bebidas

飲み物

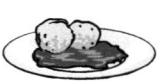

la comida

食べ物

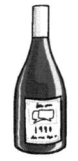

la botella

ボトル

la comida rápida

ファストフード

la comida callejera

屋台の食べ物

la tetera

ティーポット

la azucarera

砂糖入れ

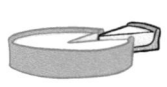

la porción

一人前

la cafetera expreso

エスプレッソマシン

la sillita alta

幼児用食事椅子

la cuenta

請求書

la bandeja

トレー

el cuchillo

ナイフ

el tenedor

フォーク

la cuchara

スプーン

la cucharita

ティースプーン

la servilleta

ナプキン

el vaso

グラス

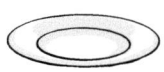

el plato
皿

el plato hondo
スープ皿

el plato
受け皿

la salsa
ソース

el salero
塩入れ

el molinillo de pimienta
ペッパーミル

el vinagre
酢

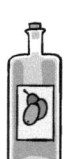

el aceite
油

las especias
スパイス

el kétchup
ケチャップ

la mostaza
マスタード

la mayonesa
マヨネーズ

el supermercado
スーパーマーケット

la oferta especial
特価品
FOR
el cliente
顧客
los lácteos
乳製品
la fruta
果物
el changuito
ショッピング・
カート

BUTCHERS

la carnicería

肉屋

BAKERY

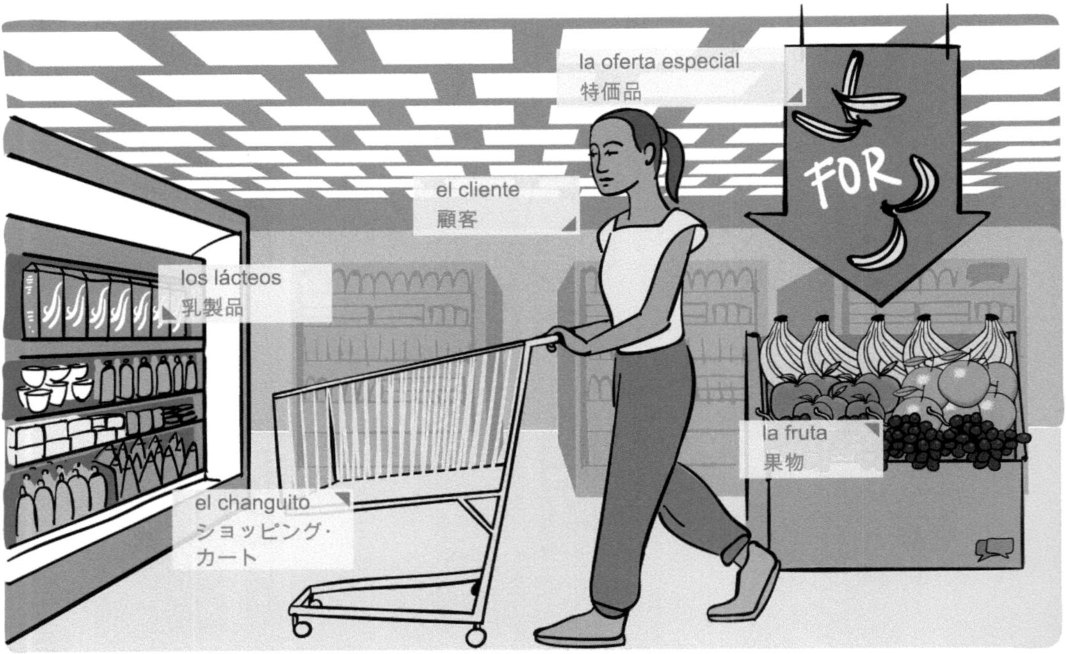

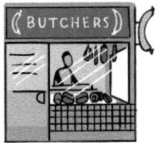

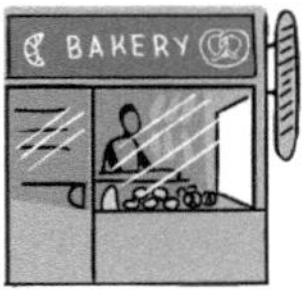

la panadería

パン屋

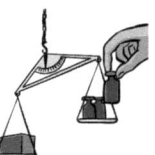

pesar

重さをはかる

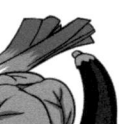

las verduras

野菜

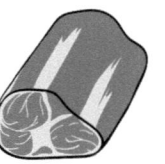

la carne

肉

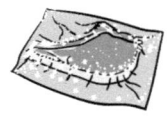

los alimentos congelados

冷凍食品

los fiambres
冷肉の薄切り

los alimentos enlatados
缶詰食品

el detergente en polvo
洗剤

las golosinas
菓子

los electrodomésticos
家庭用品

los productos de limpieza
清掃用品

la vendedora
販売員

la caja
現金箱

el cajero
レジ係

la lista de compras
買い物リスト

el horario de atención
開館時刻

la billetera
財布

la tarjeta de crédito
クレジットカード

la cartera
バッグ

la bolsa de plástico
ポリ袋

el agua

水

el jugo

ジュース

la leche

牛乳

la bebida cola

コーラ

el vino

ワイン

la cerveza

ビール

el alcohol

アルコール

el cacao

ココア

el té

紅茶

el café

コーヒー

el café expreso

エスプレッソ

el cappuccino

カプチーノ

la banana

バナナ

la manzana

リンゴ

la naranja

オレンジ

el melón

メロン

el limón

レモン

la zanahoria

ニンジン

el ajo

ニンニク

el bambú

竹

la cebolla

玉ねぎ

el champiñón

キノコ

las nueces

ナッツ

los fideos

ヌードル

los tallarines

スパゲッティ

el arroz

米

la ensalada

サラダ

las papas fritas

フライドポテト

las papas fritas

フライドポテト

la pizza

ピザ

la hamburguesa

ハンバーガー

el sándwich

サンドウィッチ

el churrasco

カツレツ

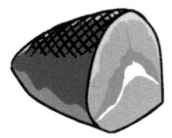

el jamón

ハム

el salame

サラミ

la salchicha

ソーセージ

el pollo

鶏肉

el asado

焼き

el pescado

魚

los copos de avena

麦のお粥

el muesli

ムーズリ

los copos de maíz

コーンフレーク

la harina

小麦粉

la medialuna

クロワッサン

el pancito

ロールパン

el pan

パン

la tostada

トースト

las galletitas

ビスケット

la manteca

バター

la cuajada

カッテージチーズ

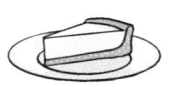

la torta

ケーキ

el huevo

卵

el huevo frito

目玉焼き

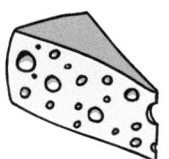

el queso

チーズ

el helado
アイスクリーム

el azúcar
砂糖

la miel
はちみつ

la mermelada
ジャム

la pasta de chocolate
ヌガークリーム

el curry
カレー

la granja
農場

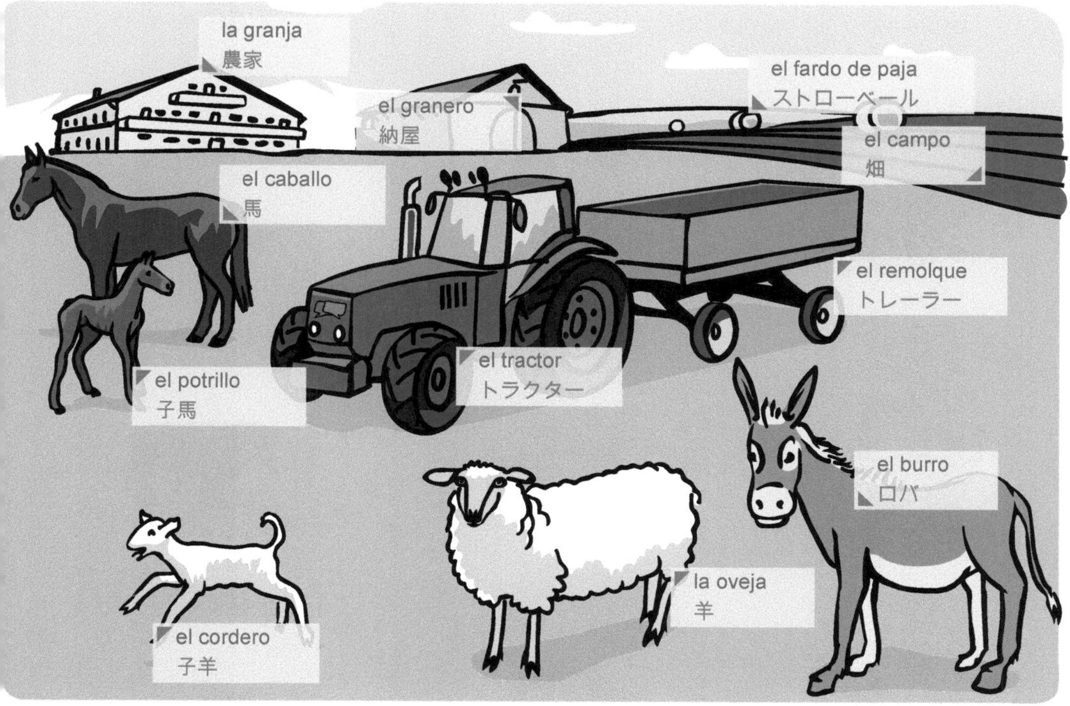
la granja
農家
el granero
納屋
el fardo de paja
ストローベール
el campo
畑
el caballo
馬
el remolque
トレーラー
el tractor
トラクター
el potrillo
子馬
el burro
ロバ
la oveja
羊
el cordero
子羊

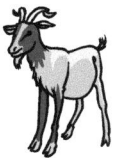

la cabra
ヤギ

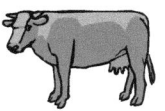

la vaca
雌牛

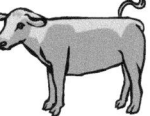

el ternero
子牛

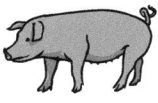

el cerdo
豚

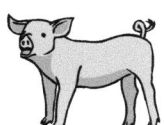

el lechón
子豚

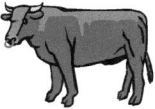

el toro
雄牛

el ganso

ガチョウ

el pato

アヒル

el pollo

ひよこ

la gallina

にわとり

el gallo

おんどり

la rata

ネズミ

el gato

猫

el ratón

ねずみ

el buey

雄牛

el perro

犬

la cucha

犬小屋

la manguera

散水ホース

la regadera

じょうろ

la guadaña

大鎌

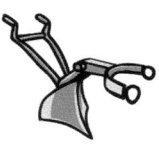

el arado

すき

la hoz

草刈り鎌

la azada

くわ

la horquilla

堆肥用フォーク

el hacha

斧

la carretilla

手押し車

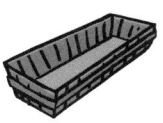

el abrevadero

かいばおけ

la lechera

牛乳缶

la bolsa

袋

la reja

フェンス

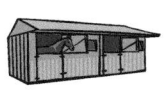

el establo

畜舎

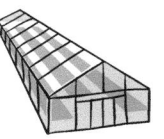

el invernadero

温室

el suelo

土壌

la semilla

種

el fertilizador

肥料

la cosechadora

コンバイン

la granja - 農場

cosechar

収穫する

la cosecha

収穫

las batatas

ヤマイモ

el trigo

小麦

la soja

大豆

la papa

じゃがいも

el maíz

トウモロコシ

la semilla de colza

菜種

el árbol frutal

果樹

la mandioca

キャッサバ

los cereales

穀物

la casa
家

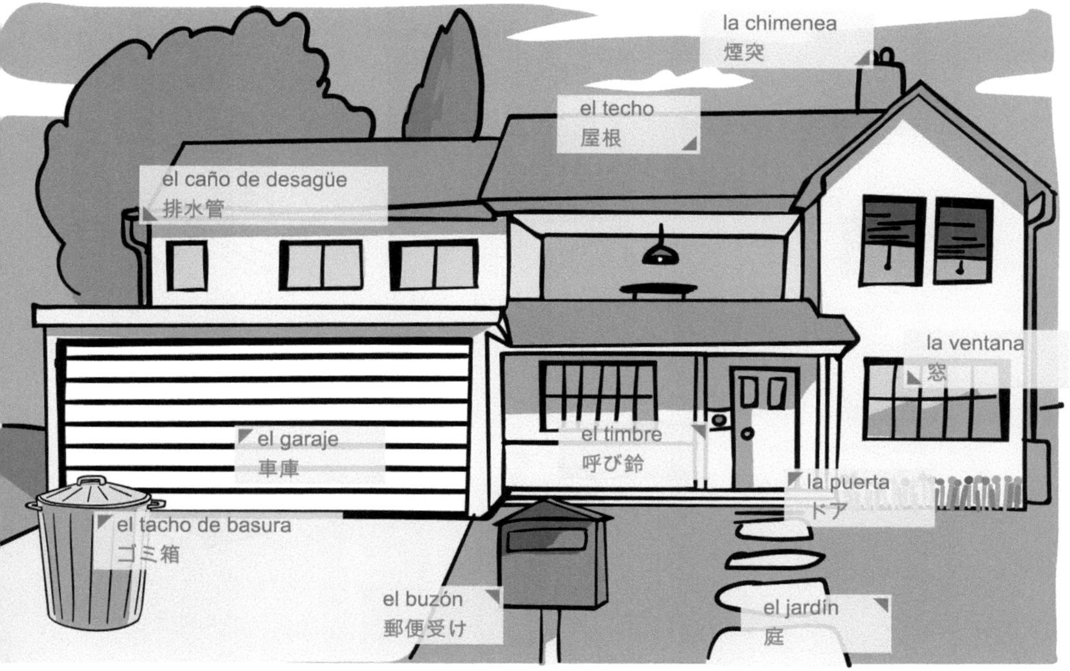

la chimenea
煙突
el techo
屋根
el caño de desagüe
排水管
la ventana
窓
el timbre
呼び鈴
el garaje
車庫
la puerta
ドア
el tacho de basura
ゴミ箱
el buzón
郵便受け
el jardín
庭

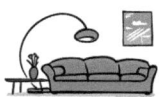

el living

リビングルーム

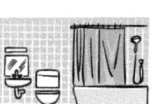

el baño

浴室

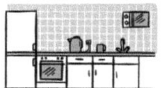

la cocina

台所

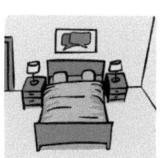

el dormitorio

寝室

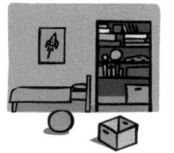

el cuarto de los chicos

子供部屋

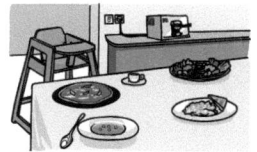

el comedor

ダイニング・ルーム

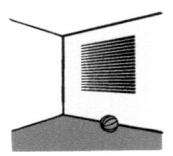

el piso

床

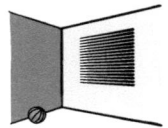

la pared

壁

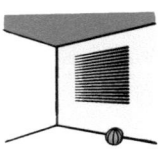

el cielorraso

天井

el sótano

地下貯蔵庫

el sauna

サウナ

el balcón

バルコニー

la terraza

テラス

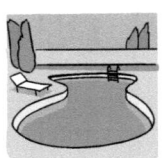

la pileta

プール

la cortadora de pasto

芝刈り機

la sábana

シーツ

el acolchado

ベッドカバー

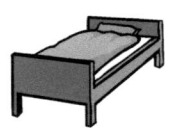

la cama

ベッド

la escoba

ほうき

el balde

バケツ

el interruptor

スイッチ

el living
リビングルーム

el empapelado
壁紙
la imagen
絵
la lámpara
ランプ
el estante
棚
el armario
食器棚
la televisión
テレビ
la chimenea
暖炉
la flor
花
el almohadón
クッション
el sofá
ソファ
el florero
花瓶
el control remoto
リモコン

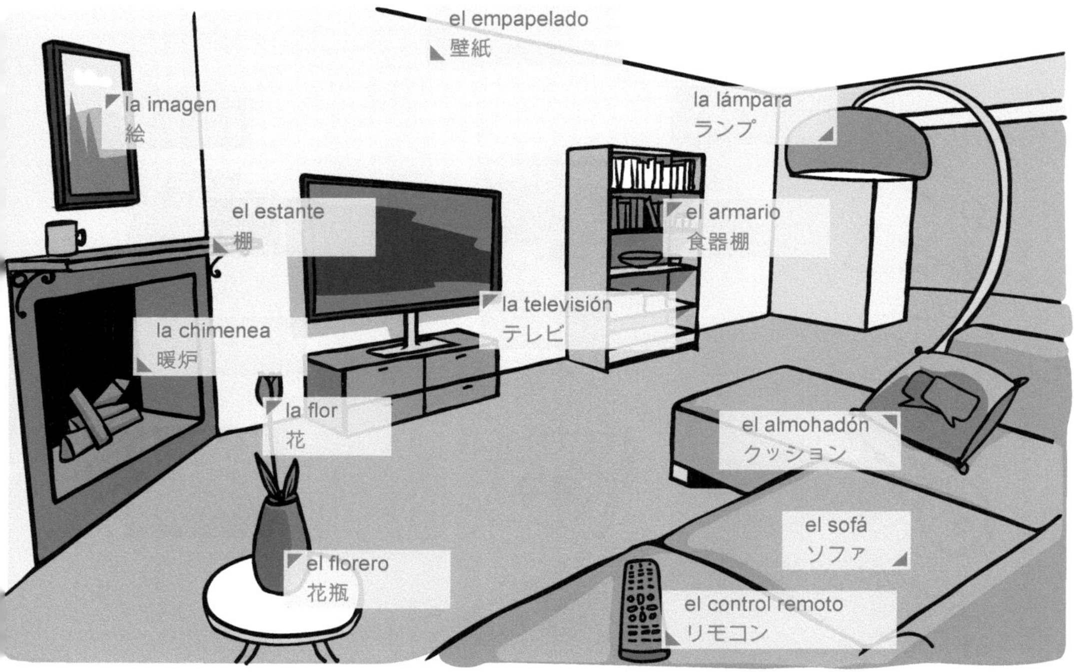

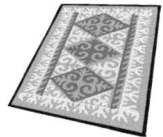

la alfombra
カーペット

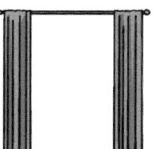

la cortina
カーテン

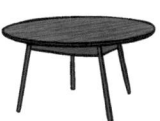

la mesa
テーブル

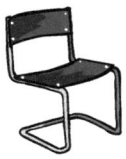

la silla
椅子

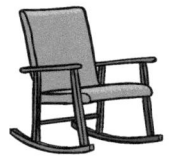

la mecedora
ロッキングチェア

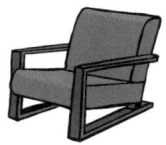

el sillón
ひじ掛け椅子

el libro

本

la frazada

毛布

la decoración

飾り

la leña

たきぎ

la película

映画

el equipo de música

ステレオ

la llave

鍵

el diario

新聞

la pintura

絵画

el póster

ポスター

la radio

ラジオ

el cuaderno

メモ帳

la aspiradora

掃除機

el cactus

サボテン

la vela

ろうそく

la cocina
台所

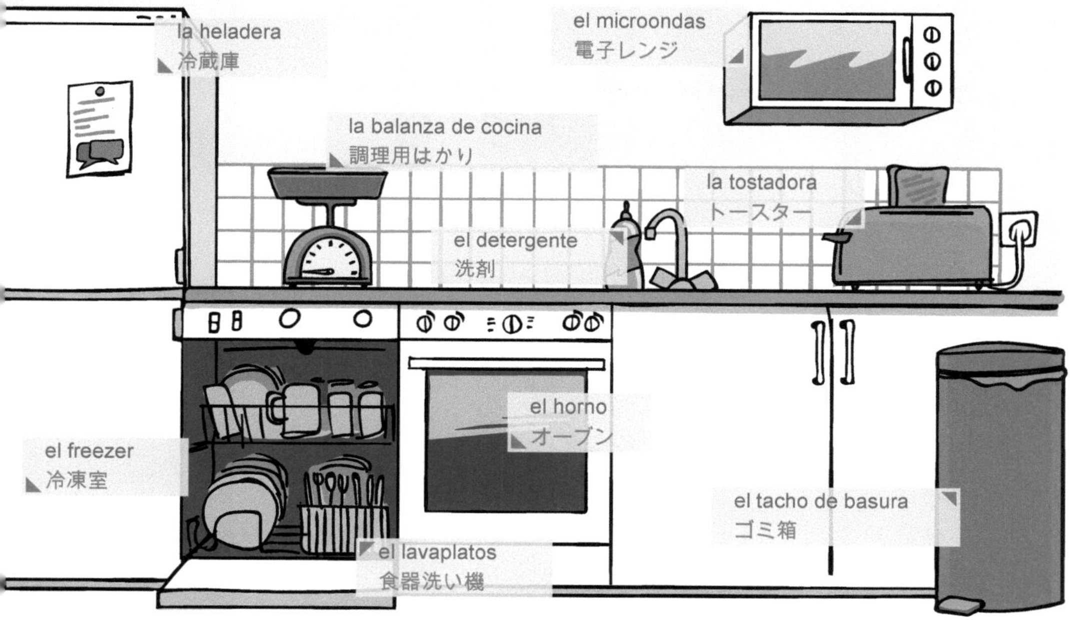
la heladera
冷蔵庫
el microondas
電子レンジ
la balanza de cocina
調理用はかり
la tostadora
トースター
el detergente
洗剤
el horno
オーブン
el freezer
冷凍室
el tacho de basura
ゴミ箱
el lavaplatos
食器洗い機

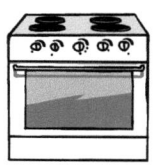

la cocina
こんろ

la olla
鍋

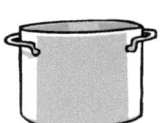

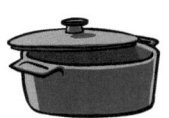

la olla de hierro fundido
鉄鍋

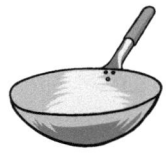

el wok
中華鍋/ カダイ鍋

la sartén
フライパン

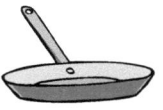

la pava
やかん

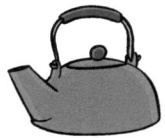

la vaporera

蒸し器

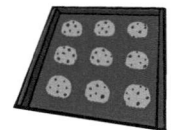

la bandeja de horno

天板

la vajilla

食器

la taza

マグカップ

el bol

ボウル

los palitos

箸

el cucharón

おたま

la espátula

へら

la batidora

泡立て器

el colador

こし器

el colador

ふるい

el rallador

すりおろし器

el mortero

すり鉢

la parrilla

バーベキュー

la fogata

かまど

la tabla de picar

まな板

el palo de amasar

麺棒

el sacacorchos

栓抜き

la lata

缶

el abrelatas

缶切り

la manopla

鍋つかみ

la pileta

流し

el cepillo

ブラシ

la esponja

スポンジ

la batidora

ミキサー

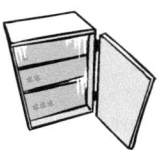

el congelador

冷凍庫

la mamadera

哺乳瓶

la canilla

蛇口

el baño
浴室

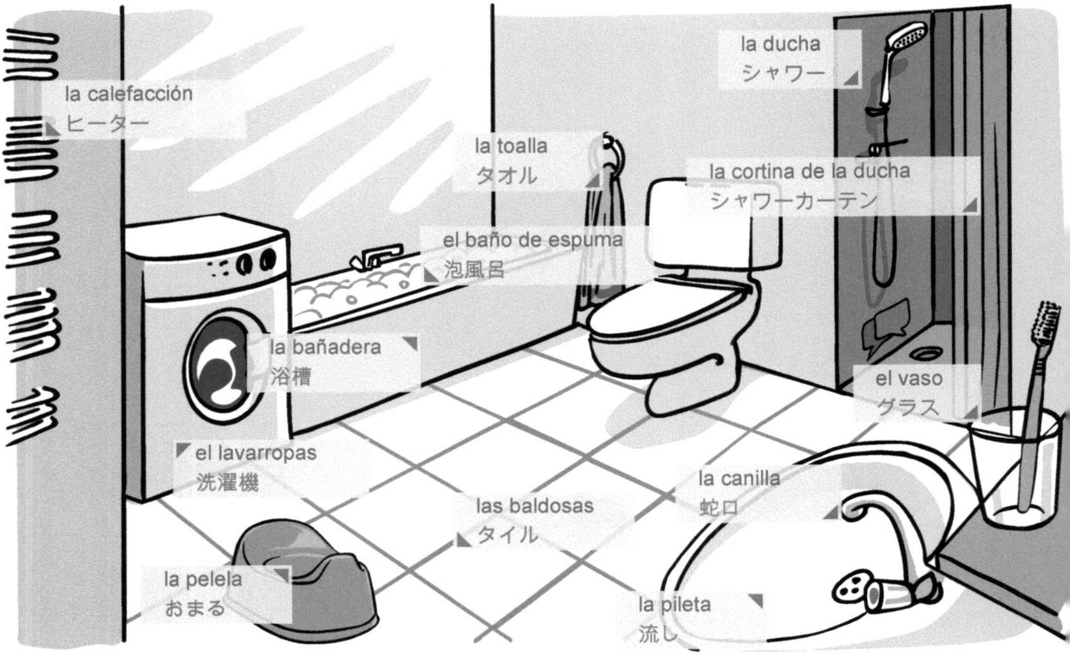
la ducha
シャワー
la calefacción
ヒーター
la toalla
タオル
la cortina de la ducha
シャワーカーテン
el baño de espuma
泡風呂
la bañadera
浴槽
el vaso
グラス
el lavarropas
洗濯機
la canilla
蛇口
las baldosas
タイル
la pelela
おまる
la pileta
流し

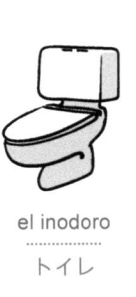

el inodoro

トイレ

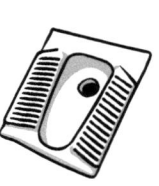

la letrina

和式トイレ

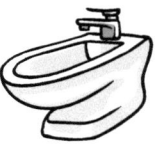

el bidé

ビデ

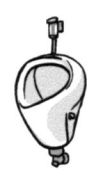

el mingitorio

小便器

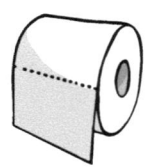

el papel higiénico

トイレットペーパー

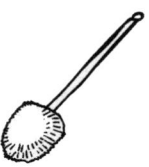

el cepillo para el inodoro

トイレブラシ

el cepillo de dientes

歯ブラシ

el dentífrico

歯みがき

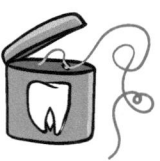

el hilo dental

デンタルフロス

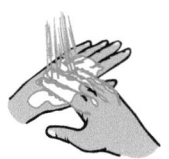

lavar

洗う

la ducha de mano

シャワーヘッド

la ducha higiénica

ハンドビデ

la palangana

洗面台

el cepillo para la espalda

ボディブラシ

el jabón

石鹸

el gel de ducha

シャワー用ジェル

el shampoo

シャンプー

la toallita

浴用タオル

el desagüe

排水口

la crema

クリーム

el desodorante

消臭

el espejo

鏡

el espejito

手鏡

la maquinita de afeitar

かみそり

la espuma de afeitar

シェービング・フォーム

el aftershave

アフターシェーブローション

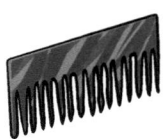

el peine

櫛

el cepillo

ブラシ

el secador de pelo

ドライヤー

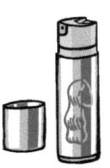

el spray

ヘアスプレー

el maquillaje

化粧

el lápiz de labios

口紅

el esmalte para uñas

マニキュア

el algodón

脱脂綿

la tijera para uñas

爪切り

el perfume

香水

el portacosméticos

洗面用具入れ

la banqueta

スツール

la balanza

体重計

la bata

バスローブ

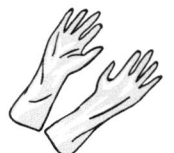

los guantes de goma

ゴム手袋

el tampón

タンポン

la toallita femenina

生理用ナプキン

el baño químico

ケミカルトイレ

el cuarto de los chicos
子供部屋

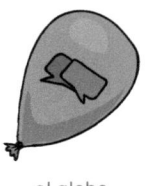

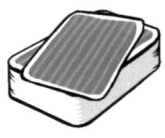

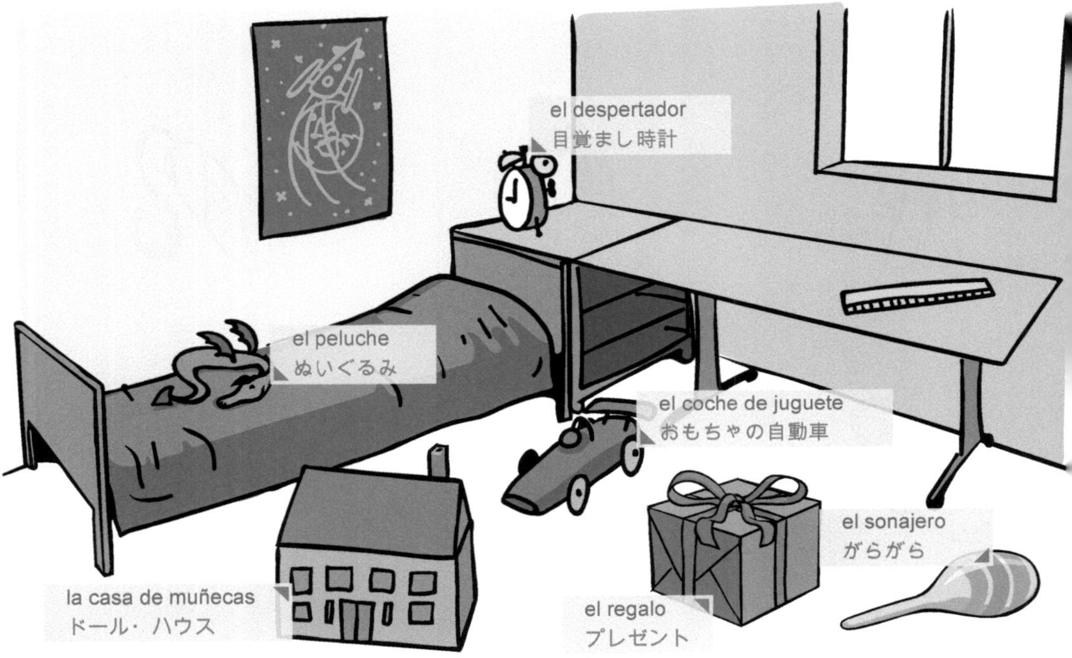

el despertador
目覚まし時計
el peluche
ぬいぐるみ
el coche de juguete
おもちゃの自動車
el sonajero
がらがら
la casa de muñecas
ドール・ハウス
el regalo
プレゼント

el globo

風船

la cama

ベッド

el cochecito

ベビーカー

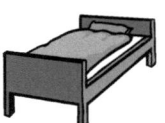

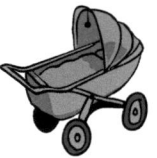

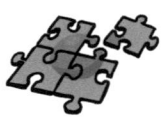

las cartas

カードゲーム

el rompecabezas

ジグソーパズル

SUPER
MEGA

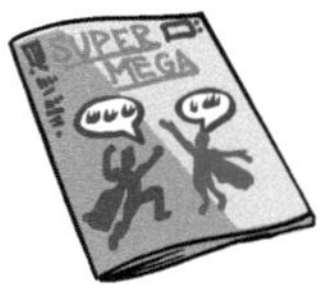

la historieta

漫画

las piezas de lego

レゴ

los ladrillos de juguete

玩具ブロック

la figura de acción

アクションフィギュア

el enterito (de bebé)

ロンパース

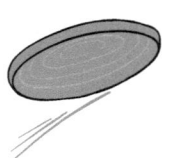

el frisbee

フリスビー

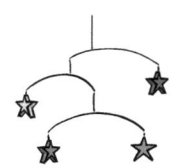

el móvil para bebés

モバイル

el juego de mesa

ボードゲーム

los dados

さいころ

el tren eléctrico

鉄道模型

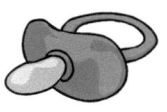

el chupete

おしゃぶり

la fiesta

パーティー

el libro de cuentos ilustrado

絵本

la pelota

ボール

la muñeca

人形

jugar

遊ぶ

el arenero

砂場

la hamaca

ブランコ

los juguetes

おもちゃ

la consola de videojuegos

ゲーム機

el triciclo

三輪車

el osito de peluche

テディベア

el armario

衣装ダンス

la ropa

衣服

las medias

靴下

las medias panty

ストッキング

las calzas

タイツ

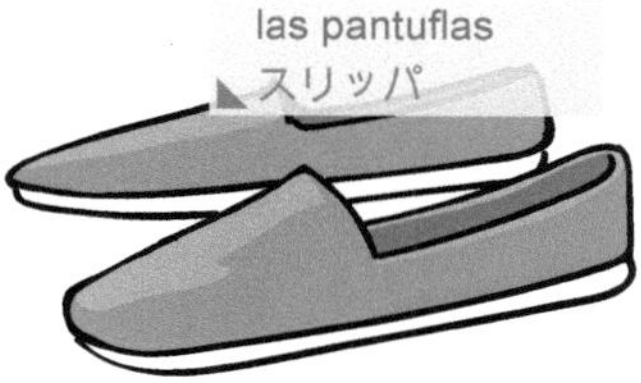

la bufanda
スカーフ

el paraguas
雨傘

la remera
Tシャツ

el cinturón
ベルト

las botas
ブーツ

las pantuflas
スリッパ

las zapatillas
スニーカー

las sandalias

サンダル

los zapatos

靴

las botas de goma

ゴム長靴

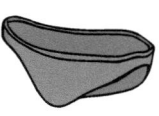

la ropa interior

パンツ

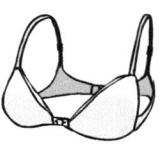

el corpiño

ブラ

el chaleco

ベスト

la ropa - 衣服

el body

ボディースーツ

los pantalones

ズボン

los jeans

ジーンズ

la pollera

スカート

la blusa

ブラウス

la camisa

シャツ

el pulóver

セーター

el buzo

パーカー

el blazer

ブレザー

la campera

ジャケット

el tapado

コート

el piloto

レインコート

el traje

服装

el vestido

ドレス

el vestido de novia

ウェディングドレス

el traje
スーツ

el sari
サリー

la burka
ブルカ

el traje de baño
水着

el jogging
スウェットスーツ

el camisón
ナイトガウン

el pañuelo para la cabeza
ヘッドスカーフ

el caftán
カフタン

el short de baño
トランクス

el delantal
エプロン

el pijama
パジャマ

el turbante
ターバン

la abaya
アバヤ

los shorts
半ズボン

los guantes
手袋

el botón

ボタン

los anteojos

メガネ

la pulsera

ブレスレット

el collar

ネックレス

el anillo

指輪

el aro

イヤリング

la gorra

帽子

la percha

ハンガー

el sombrero

帽子

la corbata

ネクタイ

el cierre

ファスナー

el casco

ヘルメット

los tiradores

サスペンダー

el uniforme escolar

制服

el uniforme

ユニフォーム

el babero
よだれかけ

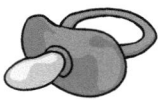

el chupete
おしゃぶり

el pañal
おむつ

la oficina
オフィス

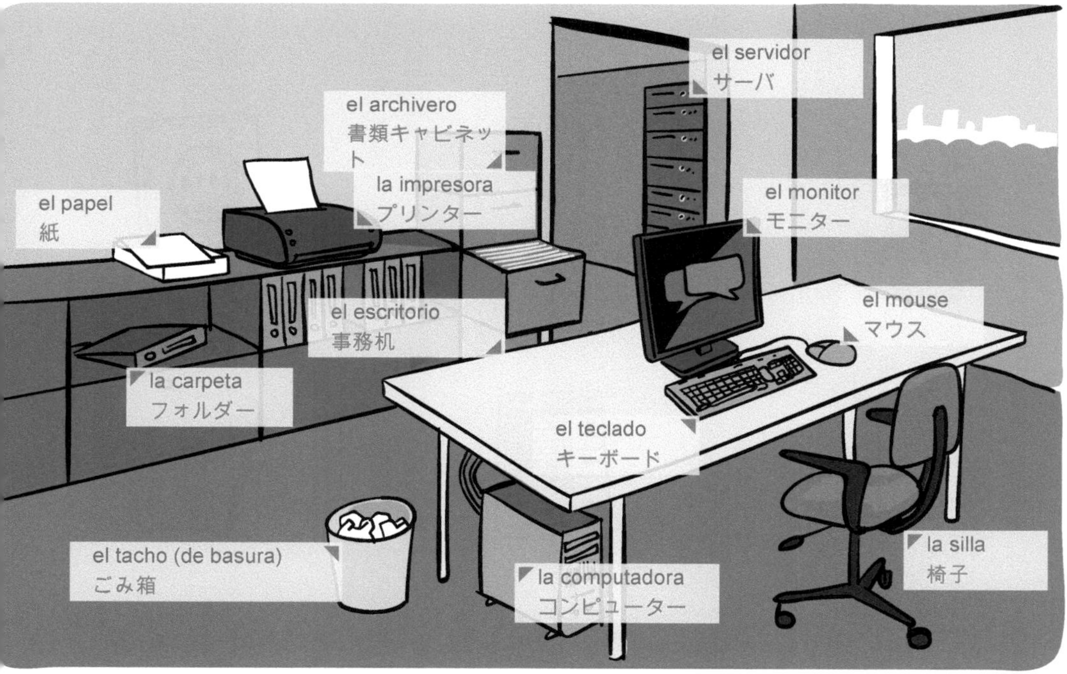

el servidor
サーバ

el archivero
書類キャビネット

la impresora
プリンター

el monitor
モニター

el papel
紙

el escritorio
事務机

el mouse
マウス

la carpeta
フォルダー

el teclado
キーボード

el tacho (de basura)
ごみ箱

la computadora
コンピューター

la silla
椅子

la taza de café
コーヒーマグ

la calculadora
計算機

el internet
インターネット

la laptop

ラップトップ

la carta

手紙

el mensaje

メッセージ

el celular

携帯電話

la red

ネットワーク

la fotocopiadora

コピー機

el software

ソフトウェア

el teléfono

電話

el tomacorriente

コンセント

el fax

ファックス

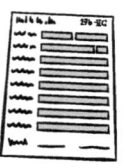

el formulario

フォーム

el documento

書類

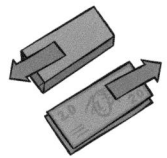

comprar

買う

pagar

支払う

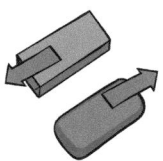

hacer negocios

取引する

el dinero

お金

el dólar

ドル

el euro

ユーロ

el yen

円

el rublo

ルーブル

el franco suizo

スイスフラン

el yuan

人民元

la rupia

ルピー

el cajero automático

キャッシュポイント

la casa de cambio

両替所

el oro

金

la plata

銀

el petróleo

油

la energía

エネルギー

el precio

価格

el contrato

契約

el impuesto

税金

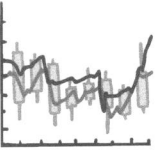

la acción

株

trabajar

働く

el empleado

従業員

el empleador

雇用主

la fábrica

工場

el negocio

ショップ

el policía
警察官

el bombero
消防士

el cocinero
コック

el médico
医師

el piloto
パイロット

el jardinero

庭師

el carpintero

大工

la modista

お針子

el juez

裁判官

el farmacéutico

化学者

el actor

俳優

el colectivero

バスの運転手

el taxista

タクシー運転手

el pescador

漁師

la mucama

掃除婦

el techista

屋根ふき職人

el mozo

ウェイター

el cazador

ハンター

el pintor

塗装工

el panadero

パン屋

el electricista

電気工

el albañil

建設作業員

el ingeniero

エンジニア

el carnicero

肉屋

el plomero

配管工

el cartero

郵便配達人

las ocupaciones - 職業

el soldado

軍人

el arquitecto

建築家

el cajero

レジ係

el florista

花屋

el peluquero

美容師

el cobrador

車掌

el mecánico

機械工

el capitán

キャプテン

el dentista

歯科医

el científico

科学者

el rabino

ラビ

el imán

イスラム導師

el monje

修道士

el sacerdote

牧師

las herramientas
道具

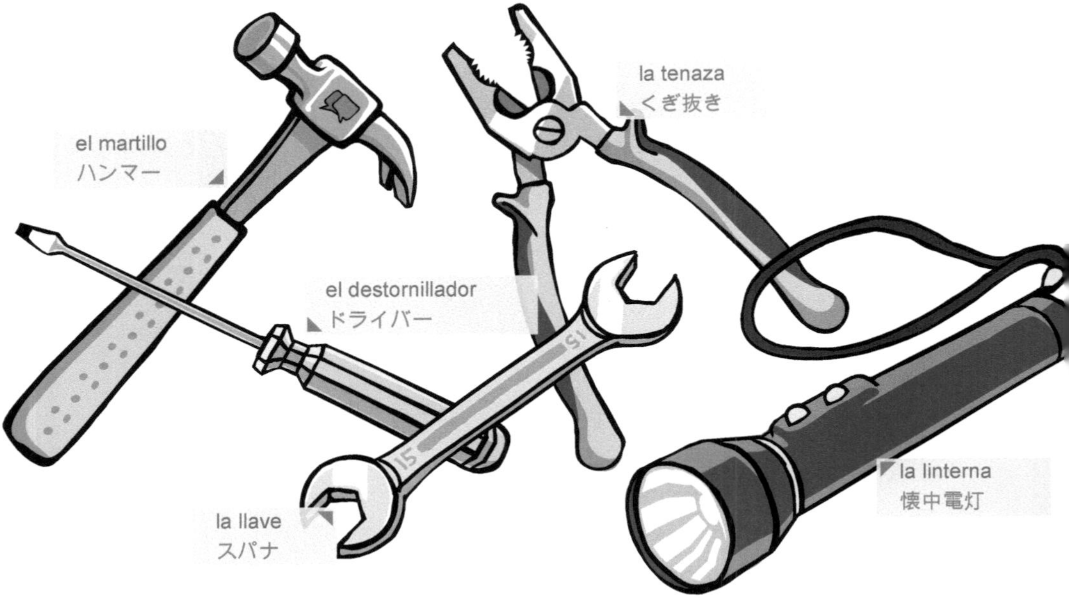
el martillo
ハンマー
la tenaza
くぎ抜き
el destornillador
ドライバー
la llave
スパナ
la linterna
懐中電灯

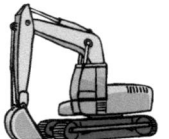

la excavadora

掘削機

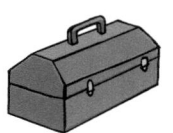

la caja de herramientas

道具箱

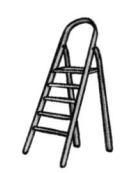

la escalera portátil

はしご

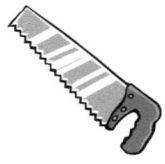

la sierra

のこぎり

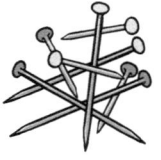

los clavos

釘

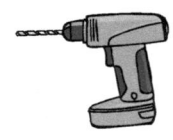

el taladro

ドリル

arreglar

修理する

la pala de jardín

シャベル

¡Qué bronca!

クソ！

la pala de plástico

ちりとり

el tacho de pintura

ペンキ缶

los tornillos

ネジ

los instrumentos musicales

楽器

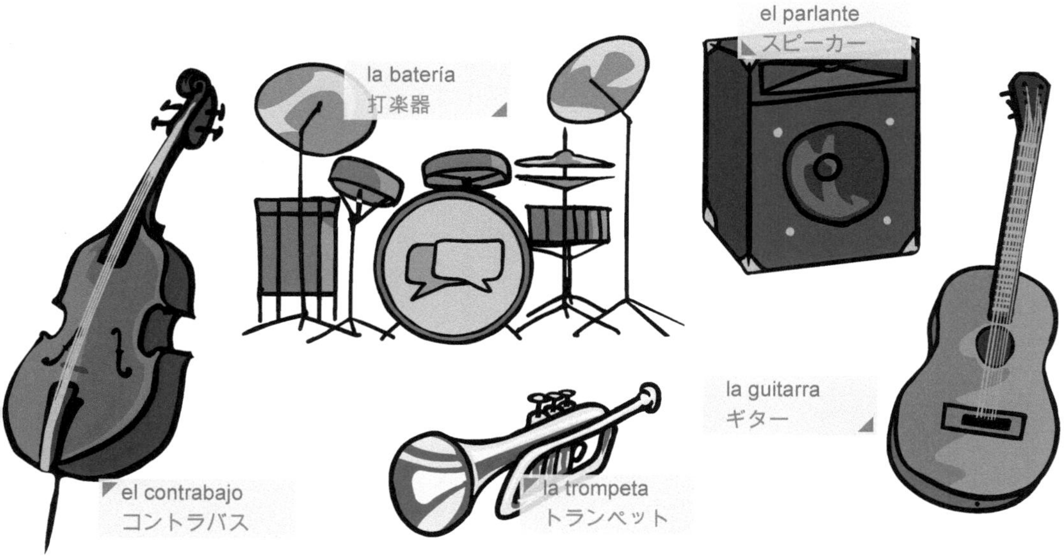

el parlante
スピーカー

la batería
打楽器

la guitarra
ギター

el contrabajo
コントラバス

la trompeta
トランペット

el piano

ピアノ

el violín

バイオリン

el bajo

バス

los timbales

ティンパニ

el tambor

ドラム

el teclado

キーボード

el saxofón

サックス

la flauta

フルート

el micrófono

マイクロフォン

la entrada
入口

el tigre
虎

la jaula
おり

la cebra
シマウマ

el alimento para animales
飼料

el oso panda
パンダ

los animales
動物

el elefante
象

el canguro
カンガルー

el rinoceronte
サイ

el gorila
ゴリラ

el oso
熊

el camello

ラクダ

el avestruz

ダチョウ

el león

ライオン

el mono

猿

el flamenco

フラミンゴ

el loro

オウム

el oso polar

白クマ

el pingüino

ペンギン

el tiburón

サメ

el pavo real

クジャク

la serpiente

蛇

el cocodrilo

ワニ

el cuidador del zoológico

飼育係

la foca

アザラシ

el jaguar

ジャガー

el poni

ポニー

el leopardo

ヒョウ

el hipopótamo

カバ

la jirafa

キリン

el águila

鷲

el jabalí

雄豚

el pescado

魚

la tortuga

亀

la morsa

セイウチ

el zorro

狐

la gacela

ガゼル

el zoológico - 動物園

el fútbol americano
アメフト

el ciclismo
サイクリング

el tenis
テニス

el básquet
バスケットボール

la natación
水泳

el boxeo
ボクシング

el hockey sobre hielo
アイスホッケー

el fútbol
サッカー

el bádminton
バドミントン

el atletismo
陸上競技

el handball
ハンドボール

el esquí
スキー

el polo
ポロ

saltar
跳ぶ

abrazar
抱きしめ
る

reír
笑う

caminar
歩く

cantar
歌う

soñar
夢見る

rezar
祈る

besar
キス

escribir

書く

dibujar

描く

mostrar

示す

presionar

押す

dar

与える

tomar

取る

tener

持っている

hacer

する

ser

ある

estar parado

立つ

correr

走る

tirar

引く

tirar

投げる

caer

落ちる

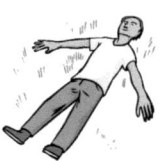

estar acostado

横たわっている

esperar

待つ

llevar

運ぶ

estar sentado

座る

vestirse

着る

dormir

眠る

despertar

目が覚める

mirar

見る

llorar

泣く

acariciar

なでる

peinar

櫛ですく

hablar

話す

entender

理解する

preguntar

質問する

escuchar

聞く

beber

飲む

comer

食べる

ordenar

片づける

amar

愛する

cocinar

料理する

manejar

運転する

volar

飛ぶ

navegar

ヨットに乗る

calcular

計算する

leer

読む

aprender

学ぶ

trabajar

働く

casarse

結婚する

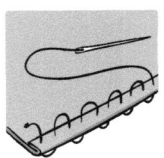

coser

縫う

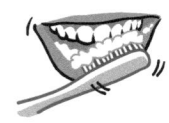

cepillarse los dientes

歯を磨く

matar

殺す

fumar

喫煙する

enviar

送る

la familia
家族

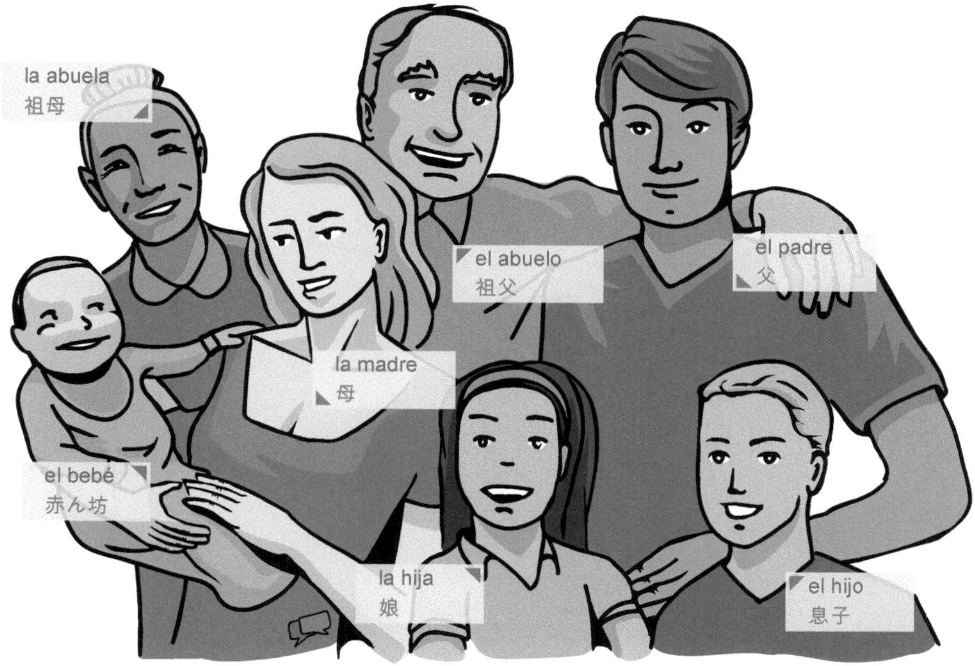

la abuela
祖母
el abuelo
祖父
el padre
父
la madre
母
el bebé
赤ん坊
la hija
娘
el hijo
息子

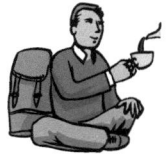

el invitado

お客様

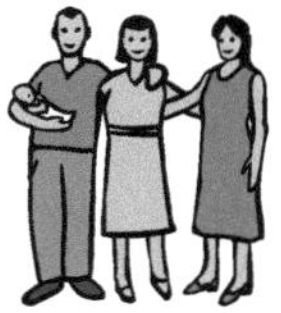

la tía

おば

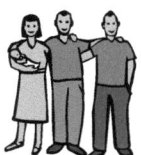

el tío

おじ

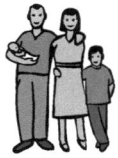

el hermano

兄弟

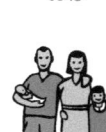

la hermana

姉妹

el cuerpo

体

la frente
ひたい
el ojo
目
el hombro
肩
el dedo
指
la cara
顔
la pera
あご
la mano
手
la pierna
脚
el pecho
胸
el brazo
腕

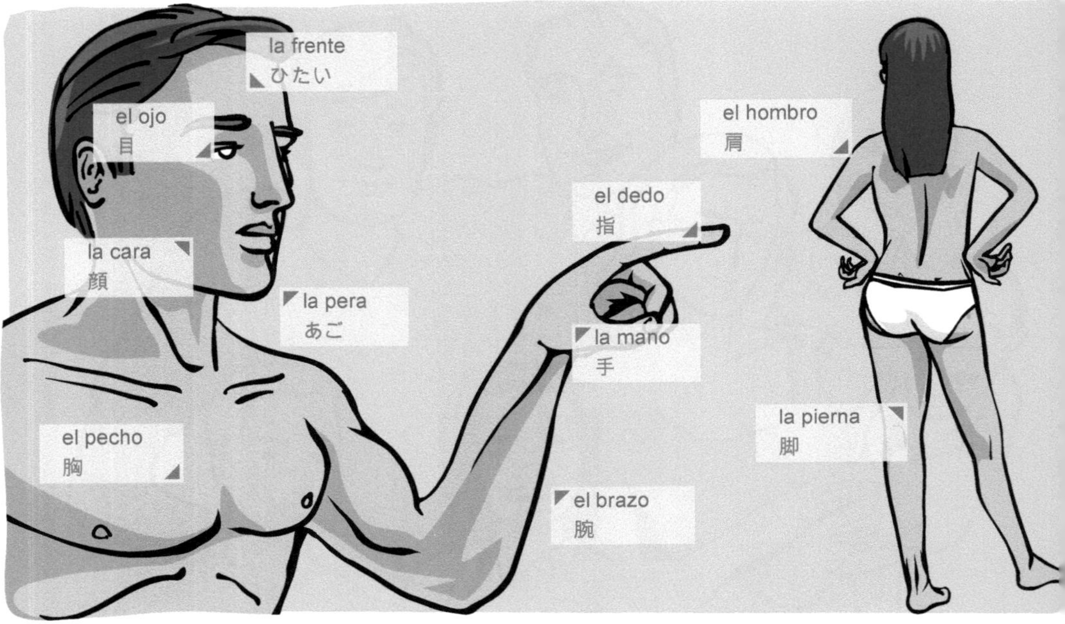

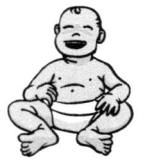

el bebé

赤ん坊

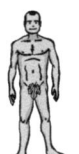

el hombre

男性

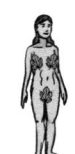

la mujer

女性

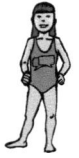

la nena

少女

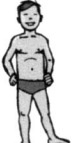

el nene

少年

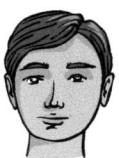

la cabeza

頭

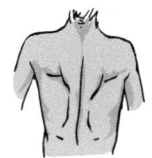

la espalda

背中

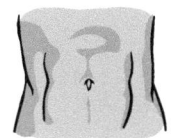

la panza

腹

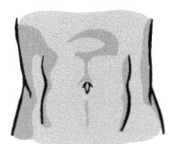

el ombligo

へそ

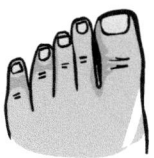

el dedo del pie

足指

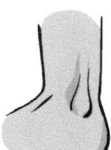

el talón

かかと

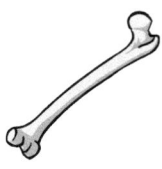

el hueso

骨

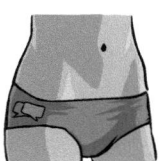

la cadera

腰

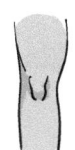

la rodilla

ひざ

el codo

ひじ

la nariz

鼻

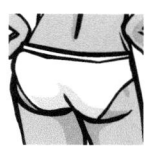

la cola

尻

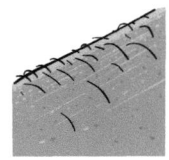

la piel

皮膚

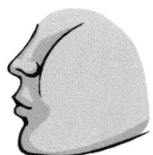

el cachete

頬

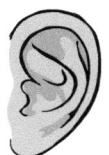

la oreja

耳

el labio

唇

la boca

口

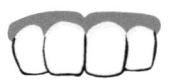

el diente

歯

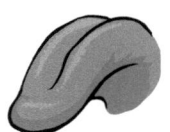

la lengua

舌

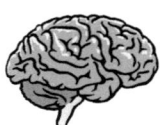

el cerebro

脳

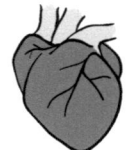

el corazón

心臓

el músculo

筋肉

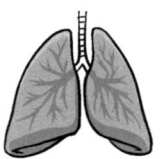

el pulmón

肺

el hígado

肝臓

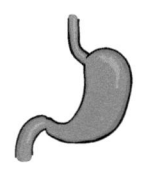

el estómago

胃

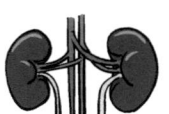

los riñones

腎臓

el sexo

セックス

el preservativo

コンドーム

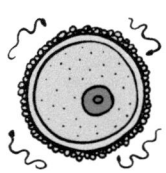

el óvulo

卵細胞

el semen

精液

el embarazo

妊娠

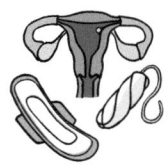

la menstruación

月経

la vagina

膣

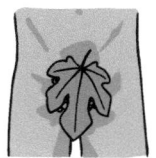

el pene

ペニス

la ceja

眉

el pelo

髪

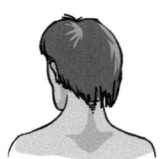

el cuello

首

el hospital
病院

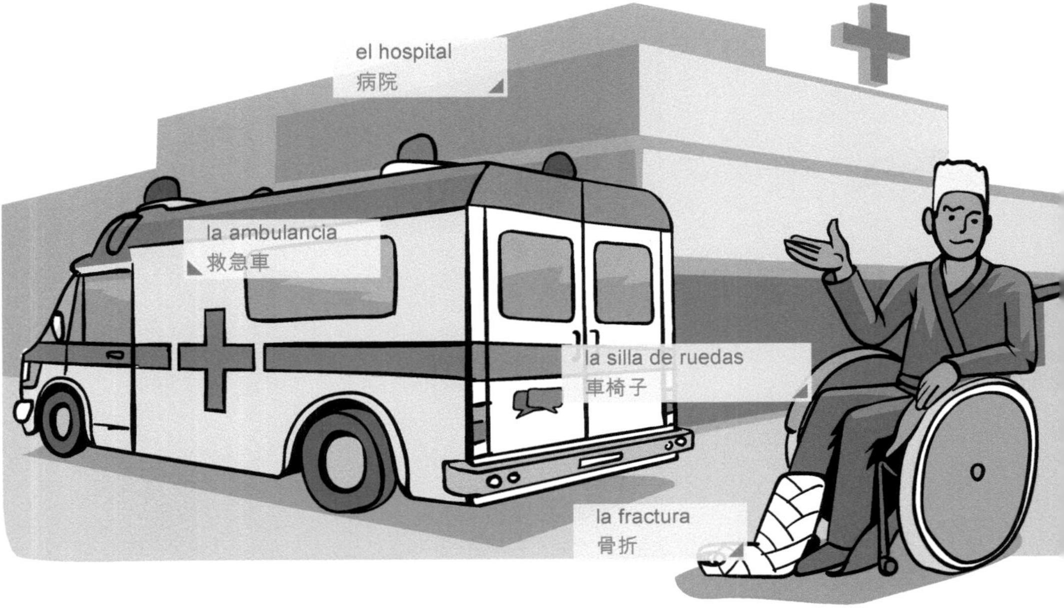

el hospital
病院
la ambulancia
救急車
la silla de ruedas
車椅子
la fractura
骨折

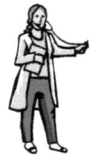

el médico
医師

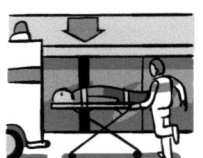

la sala de guardia
救急治療室

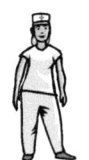

la enfermera
看護師

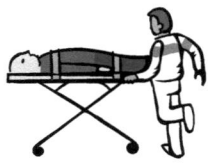

la emergencia
救急

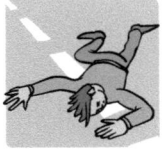

inconsciente
失神

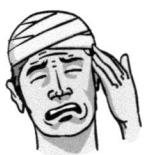

el dolor
痛み

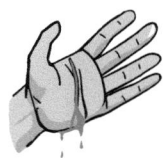

la lesión

けが

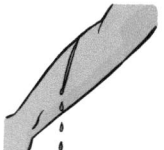

la hemorragia

出血

el infarto

心臓発作

el ACV

脳卒中

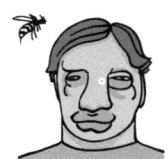

la alergia

アレルギー

la tos

咳

la fiebre

熱

la gripe

インフルエンザ

la diarrea

下痢

el dolor de cabeza

頭痛

el cáncer

癌

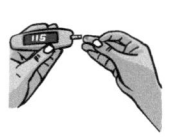

la diabetes

糖尿病

el cirujano

外科医

el bisturí

外科用メス

la operación

手術

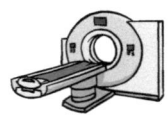

la TC
CT

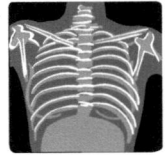

los rayos x
レントゲン

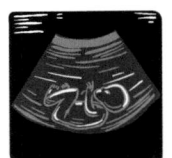

la ecografía
超音波

el barbijo
マスク

la enfermedad
病気

la sala de espera
待合室

la muleta
松葉づえ

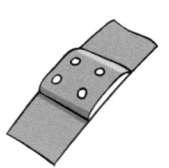

la curita
ばんそうこう

la venda
包帯

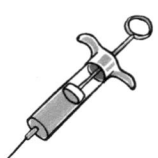

la inyección
注射

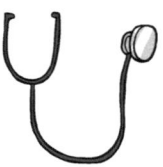

el estetoscopio
聴診器

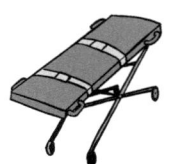

la camilla
担架

el termómetro
体温計

el nacimiento
出産

el sobrepeso
肥満

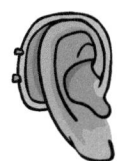

el audífono

補聴器

el desinfectante

消毒剤

la infección

感染

el virus

ウイルス

el VIH / SIDA

HIV / エイズ

el remedio

内服薬

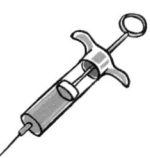

la vacunación

予防接種

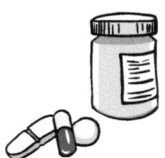

los comprimidos

錠剤

la pastilla anticonceptiva

ピル

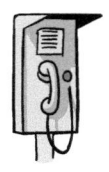

la llamada de emergencia

緊急電話

el tensiómetro

血圧計

enfermo / sano

病気の　/　健康な

¡Ayuda!
助けて！

la alarma
アラーム

la agresión
暴行

el ataque
攻撃

el peligro
危険

la salida de emergencia
非常口

¡Fuego!
火事だ！

el matafuego
消火器

el accidente
事故

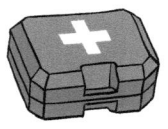

el botiquín de primeros
auxilios
救急箱

el SOS
SOS

la policía
警察

Europa

ヨーロッパ

América del Norte

北米

América del Sur

南米

África

アフリカ

Asia

アジア

Australia

オーストラリア

el Atlántico

大西洋

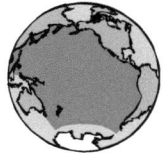

el Pacífico

太平洋

el Océano Índico

インド洋

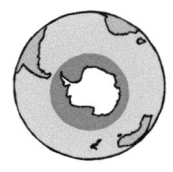

el Océano Antártico

南極海

el Océano Ártico

北極海

el polo norte

北極

el polo sur

南極

la Antártida

南極大陸

la Tierra

地球

la tierra

陸

el mar

海

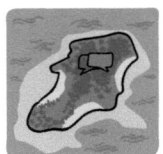

la isla

島

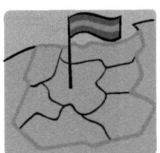

la nación

国家

el estado

国家

la esfera

文字盤

la manecilla de las horas

短針

el minutero

長針

el segundero

秒針

¿Qué hora es?

何時ですか？

el día

日

la hora

時間

ahora

現在

el reloj digital

デジタル時計

el minuto

分

la hora

時間

la semana

週

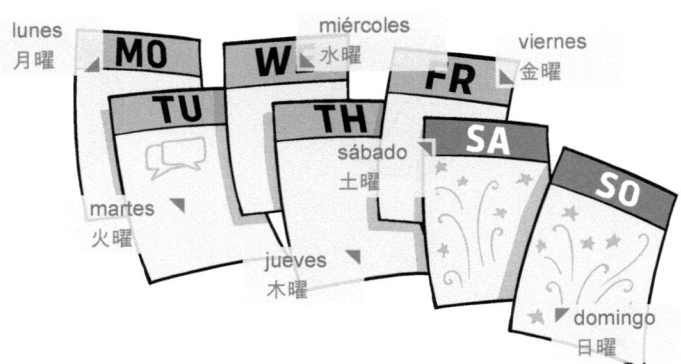

lunes 月曜　martes 火曜　miércoles 水曜　jueves 木曜　viernes 金曜　sábado 土曜　domingo 日曜

ayer

昨日

hoy

今日

mañana

明日

la mañana

朝

el mediodía

昼

la tarde

夜

los días hábiles

営業日

el fin de semana

週末

el año

年

la lluvia
雨
el arco iris
虹
la nieve
雪
el viento
風
la primavera
春
el otoño
秋
el verano
夏
el invierno
冬

4.APRIL 11°
5.APRIL 4°
6.APRIL 13°
7.APRIL 8°
8.APRIL 10°

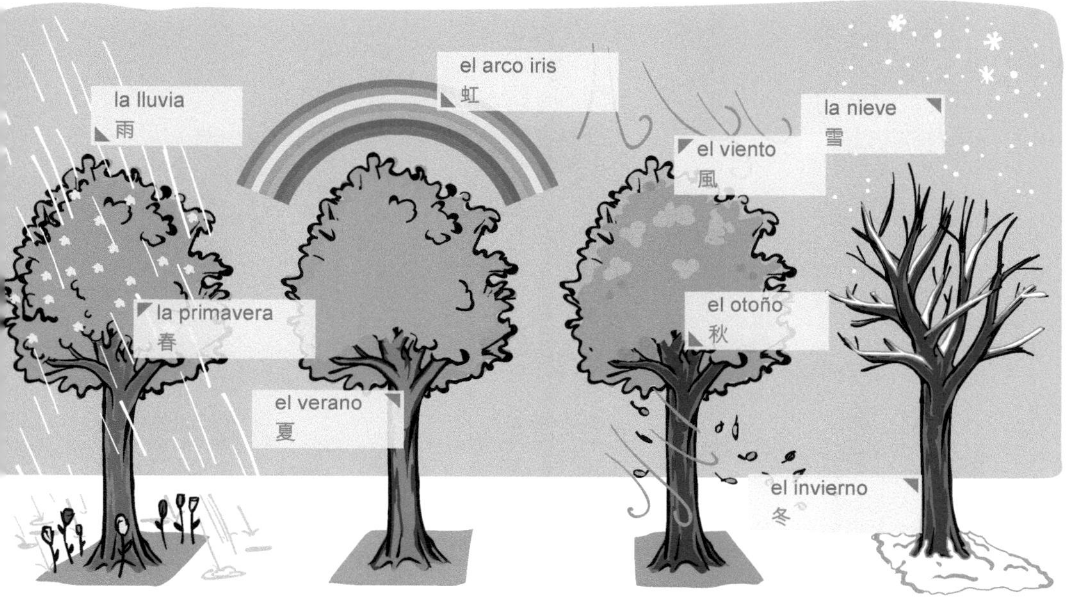

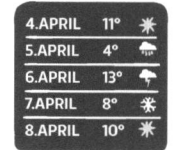

el pronóstico meteorológico

天気予報

F C
120 40
90 30
60 20
30 10
0 0
-30 -10
-20

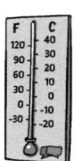

el termómetro

温度計

la luz del sol

日差し

la nube

雲

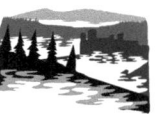

la niebla

霧

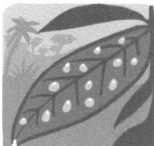

la humedad

湿度

el rayo

雷

el trueno

雷

la tormenta

嵐

el granizo

ひょう

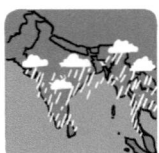

el monzón

季節風

la inundación

洪水

el hielo

氷

enero

1月

febrero

2月

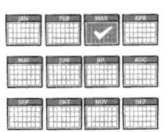

marzo

3月

abril

4月

mayo

5月

junio

6月

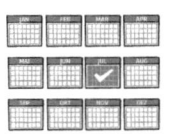

julio

7月

agosto

8月

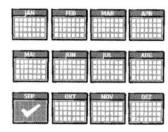

septiembre
....
9月

octubre
....
10月

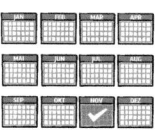

noviembre
....
11月

diciembre
....
12月

las formas

形

el círculo
....
円

el cuadrado
....
正方形

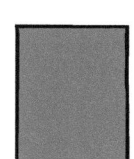

el rectángulo
....
長方形

el triángulo
....
三角

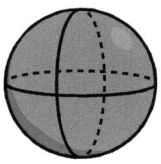

la esfera
....
球

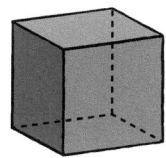

el cubo
....
立方体

blanco
白

amarillo
黄

naranja
オレンジ

rosa
ピンク

rojo
赤

violeta
紫

azul
青

verde
緑

marrón
茶

gris
灰色

negro
黒

mucho / poco

多い　/　少ない

enojado / tranquilo

怒っている /
落ち着いている

lindo / feo

美しい　/　醜い

el principio / el fin

初め　/　終わり

grande / chico

大きい　/　小さい

claro / oscuro

明るい　/　暗い

el hermano / la hermana

兄弟　/　姉妹

limpio / sucio

清潔な / 汚い

completo / incompleto

完全な　/　不完全な

el día / la noche

日中　/　夜

muerto / vivo

死んだ　/　生きている

ancho / angosto

幅広い　/　狭い

comestible / no comestible

食べられる /
食べられない

malo / amable

悪意のある / 親切な

entusiasmado / aburrido

興奮している /
退屈している

gordo / flaco

太った / 痩せた

primero / último

最初に / 最後に

el amigo / el enemigo

友人 / 敵

lleno / vacío

いっぱいの / 空の

duro / blando

硬い / 柔らかい

pesado / liviano

重い / 軽い

el hambre / la sed

空腹 / 喉の渇き

enfermo / sano

病気の / 健康な

ilegal / legal

違法な / 合法な

inteligente / estúpido

賢い / 愚かな

izquierda / derecha

左に / 右に

cerca / lejos

近い / 遠い

nuevo / usado

新しい ／ 中古の

nada / algo

何もない ／ 何かある

viejo / joven

老いた ／ 若い

encendido / apagado

オン ／ オフ

abierto / cerrado

開いている ／
閉まっている

silencioso / ruidoso

静かな ／ うるさい

rico / pobre

裕福な ／ 貧乏な

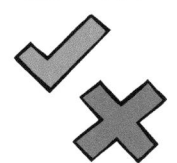

correcto / incorrecto

正しい ／間違っている

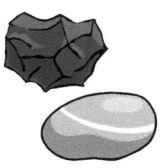

áspero / suave

粗い / なめらか

triste / contento

悲しい ／ 幸せな

corto / largo

短い ／ 長い

lento / rápido

ゆっくり ／ 速い

mojado / seco

濡れた ／ 乾いた

caliente / frío

温かい ／ 冷たい

guerra / paz

戦争 ／ 平和

los números

数

0

cero

ゼロ

1

uno

1

2

dos

2

3

tres

3

4

cuatro

4

5

cinco

5

6

seis

6

7

siete

7

8

ocho

8

9

nueve

9

10

diez

10

11

once

11

12

doce

12

13

trece

13

14

catorce

14

15

quince

15

16

dieciséis

16

17

diecisiete

17

18

dieciocho

18

19

diecinueve

19

20

veinte

20

100

cien

100

1.000

mil

1000

1.000.000

el millón

100万

el inglés

英語

el inglés americano

アメリカ英語

el chino mandarín

中国標準語

el hindi

ヒンディー語

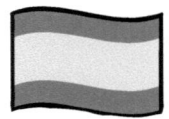

el español

スペイン語

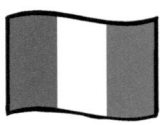

el francés

フランス語

el árabe

アラビア語

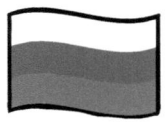

el ruso

ロシア語

el portugués

ポルトガル語

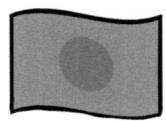

el bengalí

ベンガル語

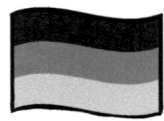

el alemán

ドイツ語

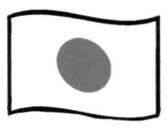

el japonés

日本語

yo

私

vos

あなた

él / ella

彼 / 彼女 / それ

nosotros

私たち

ustedes

あなたたち

ellos

彼ら

¿quién?

誰？

¿qué?

何？

¿cómo?

どうやって？

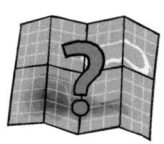

¿dónde?

どこ？

¿cuándo?

いつ？

el nombre

名前

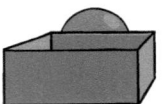

detrás

後ろ

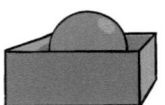

en

中

adelante de

前

por encima de

上

sobre

上

debajo de

下

al lado de

横

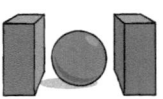

entre

間

el lugar

場所